AF257761

MA JUSTIFICATION

DÉDIÉE

AU

PRÉSIDENT DE LA REPUBLIQUE FRANÇAISE

Louis-Napoléon BONAPARTE

Par l'Abbé **Poujal**, Curé de Sales

Canton de Saint-Amans-Labastide (Tarn).

CASTRES

Imprimerie de C. CANTIÉ et A. REY,
Rue Sabbaterie, 7.

ÉPITRE DÉDICATOIRE.

Monsieur le Président,

Mon honneur de Prêtre et de Citoyen me fait un devoir de me justifier devant le public des calomnies atroces que les hommes *d'un parti* se plaisent à répandre sur mon compte. Ils m'accusent d'être *socialiste;* et ils ont réussi à surprendre la bonne foi de plusieurs personnes notables. Je suis, dans ce moment, victime de leurs intrigues. C'est dans les mêmes rangs que

vous avez vos ennemis et vos calomniateurs.
Mais votre conduite est au-dessus de leurs cen-
sures et déjoue entièrement leurs complots. Dieu
veut se servir encore d'un Napoléon pour sauver
la France. Je veux travailler à cette grande
œuvre, dans la proportion de mes forces, et
je viens mettre sous votre haute protection mes
écrits et ma personne. Vos grandes épreuves me
font espérer que vous serez sensible aux miennes.

J'ai l'honneur d'être,

Monsieur le Président,

Votre très-humble et très-obéissant serviteur,

POUJAL, Curé.

Sales, (canton de Saint-Amans-Labastide) le   1849.

MA JUSTIFICATION.

Les *grands* se sont écriés : *au socialiste!* au per-
turbateur ! Il soulève le peuple ! Il est l'ennemi de
César ! Qu'il soit sacrifié ! ! ! Et j'ai été victime de la
réaction. On a fait de moi un homme politique, et
je ne suis qu'un homme de cœur. Non, je ne veux
point détruire l'ordre social, mais je veux le modifier.
Non, je ne suis point révolutionnaire, mais je suis
réformateur. Je sens les besoins de la société actuelle,
et j'en connais les erreurs. Je voudrais accorder au
peuple tout ce qu'il est possible d'accorder ; mais sans
ouvrir la porte à la licence et au désordre. Vouloir,
au contraire, comprimer le peuple par la force et
étouffer les nobles élans de son cœur, c'est vouloir
arrêter un torrent qui s'irrite contre les obstacles qu'il
rencontre. La colère du peuple est terrible comme
la colère de Dieu. Que ceux qui s'opposent au progrès
populaire y réfléchissent bien ! Ils peuvent tuer les
hommes, mais jamais *les principes*. Leur triomphe
passager leur prépare de sanglantes représailles. Leurs
efforts réunis retarderont *peut-être* de quelques années
les destinées de la France et de l'Europe ; mais il
faut qu'une transformation sociale s'opère : tout l'an-
nonce, tout l'exige, et les instincts du peuple, et
les besoins de la société. Les hommes, *quels qu'ils
soient*, sont impuissants pour en arrêter l'accomplis-

sement. Cette transformation sera progressive ou violente, pacifique ou sanglante, selon que les hommes du pouvoir prêteront leur concours ou s'opposeront à sa réalisation.

En conséquence, toute la politique moderne se réduit, d'après moi, à une question d'humanité : *l'amélioration du sort du peuple.* Là est aussi toute la question religieuse et chrétienne. Car, aujourd'hui plus que jamais, le christianisme qui veut le bonheur des peuples fait sentir son influence divine ; et j'ose dire que la guerre des peuples contre les rois n'est autre chose qu'une guerre de *principes* : c'est le *spiritualisme* chrétien luttant contre le *matérialisme* payen. Le fils de Dieu a combattu toute sa vie ce *matérialisme,* et il n'a pu le détruire ; mais il faut que ses desseins de miséricorde sur les peuples s'accomplissent ; il faut que son règne de charité et d'amour s'établisse sur *des ruines....* s'il ne peut s'établir autrement. Déjà nous avons vu de grandes choses ; mais l'avenir est gros d'évènemens plus terribles encore. A Dieu seul je laisse le soin de reconstruire la société détruite ! ! !

Voilà toute ma pensée politique et religieuse ; et c'est à la défendre que je consacre mes forces et ma vie.

Suis-je donc pour cela *socialiste???* Oui, répondront hardiment les hommes *d'un parti* qui n'ont que ce mot à la bouche, et qui, se croyant seuls défenseurs de *l'autorité,* couvrent leur ambition personnelle de ce nom imposant dont ils abusent. Et moi aussi je réponds avec fermeté : Oui, si les *socialistes* pensent comme moi, s'ils sont convaincus comme moi, je les embrasse et je les aime comme des amis, comme des frères. Le nom de *socialiste* ne m'épouvante point ; je l'accepte volontiers dans le sens que je lui donne, et je voudrais que tous les *socialistes* me ressemblassent. Alors la société ne serait pas en danger, personne n'aurait rien à craindre, et tout le monde, je crois, pourrait dormir tranquille.

Mais je suis à me demander pourquoi on me traite de *socialiste?*

C'est sans doute par mes actes et par mes écrits qu'on prétend me juger. Eh bien ! Je consens à subir là-dessus un interrogatoire ; mais je veux que le public soit juge, parce qu'il est impartial.

Suis-je *socialiste*, parce que j'ai fait une *profession de foi* franchement républicaine, alors que tout le monde en faisait, même les *légitimistes?* Parce que je me suis mis sur les rangs de la députation, pour défendre les intérêts populaires, dans un temps où je croyais que le peuple comprendrait ses devoirs et saurait user de ses droits? Je me suis trompé, il est vrai : ce pauvre peuple s'est laissé surprendre par la ruse des agioteurs, entraîner par la force des partis, et il s'est égaré. Mais j'ai foi en l'avenir. Ce même peuple désabusé reconnaîtra bientôt son erreur, et *partout* il saura faire des choix judicieux et dignes de lui. A l'œuvre je l'attends....

Suis-je *socialiste*, parce que j'ai reçu, comme tant d'autres, un *journal* républicain qui avait, sans doute, ses défauts et ses préjugés ; mais remarquable par la conviction et la bonne foi de ses rédacteurs, vrai champion des intérêts populaires, alliant si bien le christianisme avec la démocratie, la science avec la foi, je veux dire *l'Ere Nouvelle?* Non pas *l'Ere Nouvelle* de Larochejacquelein, ce caméléon *de son parti*, ce *Saturne* des temps modernes qui, de ses étreintes perfides, a étouffé *ce nouveau-né* qu'on avait déposé dans ses bras?

Suis-je *socialiste*, parce que j'ai contribué à l'élection de nos députés, que j'estime comme *vrais* amis de l'ordre, et comme républicains *sincères?*

Suis-je *socialiste*, parce que toujours et partout, en chaire et dans mes discours, j'ai pris la défense du peuple contre ses oppresseurs?

C'est ici le grand champ de bataille d'où j'espère cependant sortir vainqueur.

Voyons donc si mes discours prêchés ou imprimés renferment des doctrines *socialistes?*

Mon petit *discours pour l'entrée d'un curé dans sa paroisse* ne peut, je pense, porter ombrage à personne. Mais il n'en est pas de même du *discours sur l'aumône.* Ce *discours* a fait peur, je ne sais pourquoi, car personne n'en a été troublé dans son repos. Cependant quelques esprits prévenus et malveillants ont voulu lui donner une couleur politique : et, à force d'en torturer le sens, ils ont cru y trouver quelques propositions mal sonnantes et favorisant le *socialisme.*

Voici les passages incriminés.

Dans l'exorde, en parlant du Messie, j'ai dit :

« Il vient relever l'abaissement profond des uns,
» et rabaisser les prétentions orgueilleuses des autres,
» Il vient détruire toutes ces distinctions que l'orgueil
» et la cupidité avaient introduites parmi les hommes
» et qui séparaient le monde en deux camps : les
» grands et les petits, les maîtres et les esclaves,
» les rusés et les dupes. Il vient niveler et aplanir
» toutes les voies, afin que tous les hommes, sans
» distinction, arrivent à la connaissance de la vérité
» et voient le vrai Dieu, le Messie qui est leur
» sauveur et leur rédempteur : *Videbit omnis caro*
« *salutare Dei.* » (St.-Luc, chap. 3, v. 6.)

Voilà le texte. Or il est évident que ce texte ne dit pas que le Christ soit venu pour détruire les distinctions *naturelles et nécessaires* que Dieu lui-même a établies dans la société; mais seulement les distinctions que les hommes ont introduites *par cupidité et par orgueil* pour opprimer leurs semblables, et pour faire peser sur eux une injuste domination. Donner à ce passage un sens *socialiste,* c'est-à-dire y trouver la négation *de toute obéissance et de toute subordination*, c'est être de la plus insigne mauvaise foi ; c'est aller contre le texte même. D'ailleurs la phrase suivante explique assez ma pensée .

« Non, la venue du Messie n'est point au profit
» d'une seule *classe* comme la naissance d'un roi ;
» elle est un bienfait pour tous, grands et petits,
» riches et pauvres, maîtres et esclaves. »

Cela est clair, j'espère ; et ce passage ne sent pas le *socialisme*. Il peut, tout au plus, offenser les oreilles délicates des partisans de la *royauté*. Mais les opinions sont libres, et c'est là mon *opinion*.

Encore un passage suspect. (page 12, ligne 6.)

« C'est l'assistance par le travail qui est le besoin
» de notre époque, besoin impérieux qui soulèvera
» toujours des tempêtes tant qu'il ne sera pas satis-
» fait »

Peut-on trouver dans ces paroles rien de repréhensible ? Le *R. P. Lacordaire* n'en dit-il pas davantage dans son fameux *discours sur le travail ?* Pour cela, l'a-t-on traité de *socialiste ?* Je ne suis pas, il est vrai, un *Lacordaire*. Les *grands* supportent *quelquefois* que les *grands* prédicateurs leur reprochent leurs crimes, leur rappellent leurs devoirs ; mais ils ne le pardonnent *jamais* aux *petits* prédicateurs. C'est toujours mal d'être *petit !*

Y a-t-il quelque chose d'obscur dans le passage cité ? Eh bien ! je vais m'expliquer. Je veux engager les riches à faire l'aumône par le travail, dans un temps où les ouvriers ne travaillent point ; et, pour les y engager plus efficacement, je tâche de porter dans leur cœur une crainte salutaire en leur disant que le manque de travail est, en partie, la cause de la révolution actuelle, et qu'à l'avenir il occasionnera de nouvelles tempêtes, si les riches ne font de grands sacrifices en faveur de la classe ouvrière. C'est là un moyen oratoire qui m'a paru bon, et je l'ai employé. Est-ce donc là un crime ? Je crois avoir fait beaucoup d'honneur aux riches en leur dannaut une si haute mission, et en mettant entre leurs mains les destinées du peuple et de la France. De quoi donc se plaignent-ils? Mes paroles ne sont-elles pas plutôt flatteuses qu'offensantes pour eux? D'où vient cependant qu'elles ont produit un effet contraire à celui que j'avais droit d'en attendre? Ah ! c'est que les *riches et les grands* n'aiment point qu'on leur dise la vérité; et surtout qu'on leur prêche l'obligation de donner aux pauvres. C'est à leur *matérialisme* et à leur mauvais vouloir qu'il faut l'attribuer.

En voilà assez, je crois, pour mes *discours* imprimés.

Passons maintenant à mes *discours* prêchés.

Dans une *Homélie pour le dimanche de la Sexagésime* j'ai dit, en parlant de ceux qui font travailler le dimanche :

« Il y en a qui torturent cruellement la conscience de ceux qui leur sont soumis. Ils les forcent à travailler les jours consacrés au Seigneur, et ils leur font manquer les devoirs religieux les plus essentiels, sous prétexte d'un travail pressant et indispensable. Mais, du moins, ce surcroît de peine leur est-il payé en sus du travail de la semaine? Non. Le dimanche les ouvriers travaillent pour rien, tout est au profit du maître. N'est-ce pas abuser et de la santé et de la conscience du peuple? Pauvre peuple! Vous rongez le frein sans rien dire; la crainte de perdre un travail nécessaire vous ferme la bouche. C'est à nous seulement que vous osez, dans le secret, confier votre douleur. C'est nous qui recevons vos plaintes, qui entendons vos cris, et notre cœur est déchiré. Que nous voudrions pouvoir vous soulager ! Mais hélas! nous n'avons d'autre moyen pour adoucir vos maux qu'en vous enseignant à les supporter. Oui, souffrez avec patience les mauvais traitements de vos maîtres, et supportez leurs injustices. Je le sais, il y en a qui spéculent sur vos sueurs, qui vous retiennent trop longtemps le salaire, et qui ne vous paient, le plus souvent, qu'avec des denrées toujours vendues au plus haut prix. C'est ainsi qu'on vous récompense de votre soumission et de vos sacrifices! Cependant gardez-vous de lever l'étendard de la révolte. Laissez à vos maîtres tout l'odieux d'une conduite si indigne. Un jour viendra où ils seront punis de leurs injustices. Ce n'est pas d'eux, après tout, que vous devez attendre le plus beau prix de votre travail. Personne au monde ne peut vous payer une goutte de sueur qui coule de votre front. Dieu seul peut vous récompenser comme vous le méritez; et le ciel est le seul dédommagement à toutes vos peines.

» C'est ainsi que la religion console le pauvre, encourage l'ouvrier et contient le peuple. Mais la voix de la religion pourra-t-elle toujours se faire entendre au milieu des cris de la faim et de la misère? C'est à vous de résoudre le problème riches et industriels du monde! Je le sais, vous faites de grands sacrifices; le peuple vous en remercie, et Dieu vous en tiendra compte; mais en faites-vous tous de même? En faites-vous assez?... Il est vrai que le commerce et l'industrie trouvent aujourd'hui tant d'obstacles que les affaires deviennent de plus en plus difficiles. La concurrence a fait baisser tellement les prix qu'il a fallu faire sur la main d'œuvre une diminution considérable. Mais n'y en a-t-il pas qui ont abusé de ces raisons, et qui en abusent encore? N'y en a-t-il pas qui, pour réaliser de plus gros bénéfices, font travailler presque pour rien? Ils n'entrent pas même en compte avec leurs ouvriers; ils les paient comme ils veulent et quand ils veulent. Quelques misérables sols sont, quelquefois, le prix du travail de toute une semaine. Quelle honte! Quelle injustice! »

Dans un *Prône sur l'orgueil au tribunal de la pénitence*, j'ai dit :

« Je veux parler de ceux qui se présentent au
prêtre avec des prétentions qui ne conviennent point
à des coupables. Je veux parler de ces personnes qui
croient faire grâce et honneur au prêtre en s'adres-
sant à lui. C'est là un orgueil pitoyable, un sacrilége
abus du tribunal sacré. Se taire serait donc plus
qu'une faiblesse, ce serait un crime. Et ne croyez
pas que ce soit là le vice commun du peuple, du
bas peuple, du peuple grossier, du peuple ignorant :
non, le peuple, en général, est simple et naïf, soumis
et docile ; il va droit à Dieu, avec franchise et sans
détours ; l'expérience le prouve. Mais c'est là le vice
capital d'une certaine classe de gens toujours rebelles
qui, par leur éducation, par leur rang et par leur
fortune, croient avoir droit à des distinctions, à des
préférences, à des ménagements, à des égards. Ils
se trompent. Dieu ne fait point acception de personnes : *non est acceptio personnarum apud Deum.*
(Ep. aux Rom., ch. 2, v. 11.) Le prêtre aussi, assis
en son tribunal et représentant de Dieu, n'a point
de distinctions à faire. Tout le monde doit être égal
à ses yeux, riches ou pauvres, savants ou ignorans,
tous, sans exception, doivent être jugés par lui avec
la même impartialité et pesés à la même balance.
Mais c'est précisément cette impartialité et cette
uniformité de conduite dans le prêtre qui offensent
l'orgueil et blessent l'amour-propre de plusieurs. Les
riches ne veulent point être mis au rang des pauvres.
Les savants rougissent d'être confondus avec les ignorants. Ils veulent tous des distinctions et des préférences jusques au tribunal sacré. Ils veulent qu'on
ait pour eux d'autres poids et d'autres mesures, d'autres principes et une autre morale. Ils veulent enfin
que le prêtre s'accommode à leurs goûts, à leurs
inclinations, à leurs modes, à leurs usages ; et s'il
ne cède à leurs exigences, ils savent se soustraire à
son autorité en allant frapper à toutes les portes, jus-

qu'à ce qu'ils aient trouvé un tribunal plus commode et un juge plus indulgent. »

Plus bas :

« Le prêtre tient à tout le monde, et il doit y tenir; non pas de cet attachement particulier et de préférence qui flatterait l'orgueil de plusieurs; mais de cet attachement général et universel qui s'étend à tous et que la charité inspire. Le cœur du prêtre doit être grand comme le cœur de Dieu : riches et pauvres, grands et petits, savants et ignorants, tous, sans exception, doivent y trouver place. Ce sont des âmes toutes rachetées au prix du même sang, et toutes doivent lui être également chères. Le sang et la naissance, la fortune et les talens, ce n'est pas ce qui doit fixer son choix et mériter sa préférence, mais c'est la qualité de chrétien et plus encore la qualité de pécheur. Oui, pécheurs, c'est pour vous surtout que nous sommes prêtres, c'est pour vous que nous sommes envoyés. Comme Jésus-Christ notre maître, nous ne venons pas sauver les justes, mais les pécheurs. Ceux qui se portent bien n'ont pas besoin de médecin, mais ceux qui sont malades. A l'exemple du bon pasteur, nous laisserons le troupeau fidèle pour courir après la brebis égarée. Le retour d'un seul pécheur cause plus de joie dans le ciel que la persévérance de quatre vingt-dix-neuf justes. Pour vous donc, pécheurs, et pour vous seuls les distinctions et les préférences; pour vous les ménagements et les égards; pour vous notre temps, notre santé, notre vie même. C'est vous qui êtes l'objet de notre sollicitude; c'est votre âme et votre âme seule qui excite notre intérêt et qui enflamme notre zèle. Tout autre motif, tout autre sentiment seraient indignes de nous et de notre ministère. »

Dans un *Prône sur la mission divine des prédicateurs,* j'ai dit :

« Aujourd'hui on n'assiste presque plus à nos discours ; et si on y vient encore, c'est ordinairement pour nous juger : oui pour nous juger !

» D'abord on discute notre naissance. On dit de nous ce que les Pharisiens orgueilleux disaient autrefois de Jésus-Christ. N'est-il pas le fils d'un ouvrier ? *nonne fabri filius ?* N'est-il pas de Nazareth ? et que peut-il sortir de bon de Nazareth ?

» Tel est le langage insensé d'une certaine classe de gens qui ne voient rien de beau, rien de grand, rien de respectacle que les titres, le rang et la naissance. Ils affectent de ne reconnaitre d'autre autorité que celle du sang et de la fortune. Ils ne respectent pas même le caractère sacré d'envoyé de Dieu ; et si on n'est paré d'un grand nom, on n'a à attendre d'eux qu'indifférence et mépris. Ils ne peuvent croire que des hommes pauvres et obscurs leur parlent au nom de Dieu, et dans cet orgueilleux préjugé, ils ne daignent pas même nous entendre. Si, par grâce, ils nous accordent quelquefois cette faveur, c'est toujours avec un esprit prévenu qui rend inutiles et infructueuses nos plus belles paroles. Jésus-Christ a été lui-même victime de ce préjugé. Lui aussi il a été méprisé des *grands.* Parce qu'il était pauvre, ils ne voulurent point le reconnaître pour *l'envoyé* de Dieu. Parce qu'il était pauvre, sa doctrine si belle et sa morale si pure ne trouvèrent point de sympathie dans leurs cœurs. Parce qu'il était pauvre, ils refusèrent de croire à ses paroles et même à ses miracles. Aveuglés par l'orgueil, ils ne comprirent pas le mystère de grandeur caché sous tant d'humiliation. Les *grands* d'aujourd'hui ne le comprennent pas mieux ; ils ont, en général, les mêmes prétentions. Aussi nous ne sommes pas étonnés d'être mis, par eux, au même rang que notre maître ; nous ne sommes pas étonnés qu'ils nous traitent avec le même mépris. Nous nous en glorifions ! Nous trouvons un dédommagement à ce mépris dans la vénération des pauvres.

Ils nous entourent, comme Jésus-Christ, de leur respect et de leur amour. Notre voix trouve toujours de l'écho dans leur cœur, et nous sommes assurés de leur sympathie. Ils ne cherchent point à nous dégrader en nous dépouillant du titre sacré d'envoyé de Dieu. Ils reconnaissent la divinité de notre mission ; et la bassesse de notre origine, loin de nuire à notre ministère, nous rapproche d'eux et nous rend plus facile l'accès de leur cœur. L'exemple des apôtres en est pour nous un sûr garant. Car qu'étaient les apôtres ? Qu'était St.-Pierre ? Qu'était St.-Paul ? Qu'étaient tous les autres ? C'étaient des pêcheurs. Cependant voilà les hommes que Jésus-Christ a choisis pour prêcher l'évangile ; voilà ceux qui ont converti l'univers. Non, dit St.-Paul, ce n'étaient point des nobles, des grands, des puissants du siècle : *non multi potentes, non multi nobiles;* (1er Corinth., chap. 1, v. 26.) mais c'étaient des hommes faibles, des hommes du peuple, des hommes de rien : *ignobilia et contemptibilia mundi.* C'étaient là les hommes qu'il lui fallait ; ceux qu'il choisissait de préférence : sa doctrine d'abnégation et de renoncement ne pouvait avoir de meilleurs apôtres. »

Enfin voilà tout ce que j'ai écrit et prêché de plus fort.

Suis-je donc *socialiste,* parce que j'ai osé dire la vérité aux *grands?* parce que je ne suis pas resté bouche close en présence des abus criants qui règnent dans la société, et surtout dans la haute classe ? Jésus-Christ dans l'évangile ne tient-il pas le même langage ? En mille endroits, ne dit-il pas des choses plus fortes encore contre les Scribes et les Pharisiens de son temps ? Les prêtres d'aujourd'hui qui n'osent s'élever contre les vices dominans de leur siècle, ne méritent-ils pas le reproche de pasteurs intéressés que le St.-Esprit appelle des chiens morts qui ne peuvent aboyer : *canes muti non valentes latrare?* (Isaïe. 56. 10.)

Non, je ne resterai point muet, et je prêcherai toujours la vérité pour tous. Dussé-je attirer sur moi la haine et la vengeance! Dussé-je être encore victime de mon zèle! j'élèverai toujours la voix, je lancerai des anathêmes, je ferai trembler les coupables et je leur dirai, comme Jésus-Christ : Malheur à vous *riches : Væ vobis divitibus!* (St.-Luc, chap. 6, v. 6.)

Que le public juge maintenant. Je livre à son appréciation mes actes et mes écrits. Si je me suis trompé, je désire ardemment d'être éclairé. J'attends les avis des personnes charitables : je les recevrai avec plaisir.

Castres. — Imp. de CANTIÉ et REY, rue Sabbaterie, 7.